CÓCTELES
SIN ALCOHOL
CON SABOR Y ESTILO

CAROLINE HWANG
FOTOGRAFÍAS DE BEATRIZ DA COSTA

BLUME

CONTENIDO

INTRODUCCIÓN

Cuando tenemos invitados, es importante prestar atención a las necesidades y restricciones de cada uno. Incluso si no podemos ofrecer opciones para las dietas sin azúcar, sin gluten o sin lactosa de forma individual, por lo general es fácil tener bebidas con alcohol y sin alcohol sin recurrir automáticamente al agua y a los refrescos. Las bebidas sin alcohol pueden ser originales, deliciosas, creativas y tan sofisticadas como el resto de bebidas.

Casi todas las recetas de este libro están pensadas para una persona, pero las cantidades se pueden multiplicar con facilidad. Las bebidas en jarra son para de 6 a 8 personas. Solo debe fijarse en la capacidad de su coctelera, que podrá contener una cantidad de líquido limitada.

Muchas de las recetas de este libro se preparan en una coctelera porque
se sigue el mismo concepto que en la elaboración de cócteles: cuando
la bebida incluye cítricos, clara de huevo o crema, habrá que agitar la mezcla
para homogeneizar el preparado, introducir burbujas de aire y obtener una
bebida batida. Naturalmente, existen algunas excepciones a esta regla. Asimismo,
vale la pena filtrar dos veces para retirar la pulpa de los cítricos. El objetivo
es conseguir un producto tan placentero para la vista como para el paladar.
Al fin y al cabo, primero se degusta con los ojos.

Elaborar o crear un cóctel sin alcohol no es complicado; a veces basta con un poco
de sirope aromatizado, zumo de limón y agua con gas. En este libro encontrará
variaciones creativas a partir de esta sencilla base. Y seguro que enseguida
se sorprenderá a sí mismo creando sus propios cócteles sin alcohol.
¡Salud!

UTENSILIOS

Aquí tiene una lista de los utensilios básicos para poder elaborar el cóctel sin alcohol perfecto en cualquier ocasión.

8

1.

2.

3.

4.

1. COCTELERA
Ideal para mezclar las bebidas y fusionar bien los sabores.

2. COLADOR DE GUSANILLO
Es el accesorio perfecto para retener los trozos de hielo, pero también pedazos grandes de otros ingredientes.

3. COLADOR
Es necesario para retirar trozos pequeños de hielo con el objetivo de que no diluyan demasiado la bebida, al tiempo que conserva el aspecto visual del cóctel.

4. VASO MEDIDOR
Para medir con precisión ciertos líquidos, aunque no sean alcohólicos.

7.

9

5.

6.

8.

5. CUCHARA MEZCLADORA
Algunas están concebidas para este propósito, pero para los cócteles sin alcohol cualquier cuchara será válida.

6. BATIDORA DE VASO
Indispensable para la piña colada y otras preparaciones cremosas.

7. VASO MEZCLADOR
Es ideal para mezclar la bebida antes de pasarla al vaso de servicio.

8. EXPRIMIDOR
El limón se utiliza en muchos cócteles sin alcohol, así que un exprimidor le facilitará las cosas.

INGREDIENTES BÁSICOS

Para preparar cócteles sin alcohol es necesario disponer de un mueble bar bien abastecido, así que asegúrese de que tiene a mano estos ingredientes para poder partir de una buena base.

líquido de base: *refrescos, agua con gas, zumos de frutas, leches, bebidas vegetales (arroz, crema de coco)*

edulcorantes: *sirope de arce, miel, azúcar en polvo, azúcar moreno, melaza, sirope de granada*

frutas y verduras, frescas o secas: *bayas, naranja, manzana, melocotón, plátano, apio, pepino, caqui y mango deshidratados*

hierbas y flores frescas:
tomillo, salvia, albahaca, menta, lavanda

cítricos (zumo o piel):
limón, lima, naranja, pomelo

11

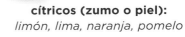

especias y flores secas: *canela, flores de hibisco, chile en polvo y té matcha*

té y café:
Lapsang Souchong, chai

decoración:
rodajas de fruta fresca, hierbas, guindas

hielo: *¡en abundancia!*

SIROPE BÁSICO

Para 150 ml

120 g de azúcar
120 ml de agua

Caliente el azúcar y el agua
sin dejar de remover.
Deje enfriar.

SIROPE DE HIERBAS

Para 150 ml

120 g de azúcar
120 ml de agua
menta, albahaca, verbena:
 un puñado de cada una

Caliente el azúcar y el agua
sin dejar de remover. Retire del fuego
y deje enfriar. Blanquee las hierbas
durante 15 segundos. Mézclelas
con el sirope de azúcar
en una batidora de vaso.

SIROPE DE MANZANA Y JENGIBRE

Para 150 ml

120 g de azúcar
120 ml de agua
la piel de 6 manzanas
4 cm de jengibre pelado y picado

Caliente el agua y el azúcar en
una cacerola sin dejar de remover.
Añada la piel de manzana y el jengibre,
y hierva a fuego lento durante
30 minutos. Filtre y deje enfriar.

SIROPE A LAS CUATRO ESPECIAS

Para 150 ml

120 g de azúcar
120 ml de agua
25 g de cuatro especias (mezcla
preparada con pimienta molida,
clavo, nuez moscada y jengibre)

Caliente el agua y el azúcar
sin dejar de remover. Añada la mezcla
de especias y hierva a fuego lento
durante 10 minutos. Filtre con la ayuda
de una muselina.

ACEITE DE LIMÓN

Para 200 ml

225 g de azúcar en polvo
la piel de 6 limones
60 ml de agua hirviendo

14

Introduzca las pieles y el azúcar en una
bolsa de congelación hermética
y mezcle. Deje reposar 1 hora. Añada
el agua hirviendo para que el azúcar
se acabe de disolver. Filtre y conserve
hasta 2 semanas en el frigorífico.

ACEITE DE BERGAMOTA

Para 200 ml

225 g de azúcar en polvo
la piel de 6 bergamotas
60 ml de agua hirviendo

Introduzca las pieles y el azúcar en
una bolsa de congelación hermética
y mezcle. Deje reposar 1 hora.
Añada el agua hirviendo para que
el azúcar se acabe de disolver.
Filtre y conserve hasta 2 semanas
en el frigorífico.

ACEITE DE POMELO

Para 200 ml

225 g de azúcar en polvo
la piel de 4 pomelos
60 ml de agua hirviendo

Introduzca las pieles y el azúcar en una bolsa de congelación hermética y mezcle. Deje reposar 1 hora. Añada el agua hirviendo para que el azúcar se acabe de disolver. Filtre y conserve hasta 2 semanas en el frigorífico.

ACEITE DE LIMA KAFFIR Y ROMERO

Para 200 ml

225 g de azúcar en polvo
la piel de 8 limas kaffir
4 ramas de romero cortadas en trozos
60 ml de agua hirviendo

Introduzca las pieles, el romero y el azúcar en un cuenco y mezcle. Deje reposar 1 hora en una bolsa de congelación hermética. Añada el agua hirviendo para que el azúcar se acabe de disolver. Filtre y conserve hasta 2 semanas en el frigorífico.

SHRUB DE FRESA Y RUIBARBO

Para 600 ml

200 g de fresas, sin pedúnculo y cortadas
  por la mitad
4 tallos de ruibarbo cortados en trozos
250 g de azúcar en polvo
1 cucharadita de sal
250 ml de vinagre de cava

Ponga todos los ingredientes en una
cacerola y caliente a fuego medio
unos 10 minutos para que el ruibarbo
se cueza. Retire del fuego, filtre
con una muselina y conserve
en el frigorífico.

SHRUB DE CIRUELA Y CANELA

Para 600 ml

3 ciruelas pequeñas, sin hueso
  y cortadas en cuatro trozos
3 ramas de canela
225 g de azúcar en polvo
120 ml de vinagre de sidra

Mezcle con cuidado todos
los ingredientes, excepto el vinagre,
en un cuenco. Cubra y deje reposar
24 horas a temperatura ambiente,
removiendo cada 2 horas. Añada
el vinagre. Deje durante 24 horas
más a temperatura ambiente y filtre
con una muselina. Conserve
en el frigorífico.

SHRUB DE ARÁNDANOS Y SALVIA

Para 600 ml

225 g de arándanos
100 g de azúcar
125 ml de vinagre de sidra
120 ml de agua
4 hojas de salvia

Hierva a fuego lento las bayas,
el azúcar y el agua hasta
que los arándanos se abran.
Añada la salvia, deje enfriar y filtre
presionando la fruta para extraer
el zumo. Agregue el vinagre.
Conserve en el frigorífico.

SHRUB DE ALBARICOQUE

Para 600 ml

4 albaricoques pequeños sin hueso
 y cortados en cuatro trozos
250 g de azúcar en polvo
120 ml de vinagre de coco

Mezcle con cuidado todos
los ingredientes, excepto el vinagre,
en un cuenco. Cubra y deje reposar
24 horas a temperatura ambiente,
removiendo cada 2 horas. Añada
el vinagre. Deje durante 24 horas
más a temperatura ambiente y filtre
con una muselina. Conserve
en el frigorífico.

PURÉ DE CAQUI Y ESPECIAS

cantidad variable según el tamaño de la fruta

2 caquis muy maduros, pelados
 y cortados en trozos
1 cucharadita de canela en polvo
¼ de cucharadita de clavo en polvo
1 cucharadita de sirope de arce

Mezcle todos los ingredientes
en una batidora de vaso.
Conserve en el frigorífico
de 7 a 10 días.

COMPOTA DE PERA ASADA

cantidad variable según el tamaño de la fruta

2 peras peladas y cortadas en trozos
1 cucharada de miel
1 vaina de vainilla abierta a lo largo
 y raspada para retirar las semillas

Precaliente el horno a 190 °C.
Mezcle los ingredientes sobre una
bandeja refractaria, cubra con papel
de aluminio y ase de 20 a 30 minutos,
hasta que las peras estén blandas.
Dejar enfriar y haga un puré en
la batidora de vaso; añada un poco de
agua si la mezcla es demasiado espesa.
Conserve en el frigorífico
de 7 a 10 días.

PURÉ DE CALABAZA

Precaliente el horno a 190 °C. Mezcle los ingredientes sobre una bandeja refractaria, cubra con papel de aluminio y ase de 20 a 30 minutos, hasta que la calabaza esté blanda. Deje enfriar y obtenga un puré en la batidora de vaso; añada un poco de agua si la mezcla es demasiado espesa. Conserve en el frigorífico de 7 a 10 días.

cantidad variable según el tamaño de la calabaza

1 calabaza dulce (cacahuete, calabaza
  gigante, calabaza moscada) pelada,
  sin semillas y cortada en rodajas de 5 cm
150 g de azúcar moreno

COMPOTA DE PIÑA AHUMADA

Precaliente el grill del horno. Coloque los trozos de piña sobre papel sulfurizado, en una sola capa. Ase hasta que la piña empiece a dorarse. Añada el azúcar y caramelice bajo el grill. Deje enfriar y obtenga un puré en la batidora de vaso; añada un poco de agua si la mezcla es demasiado espesa. Conserve en el frigorífico de 7 a 10 días.

cantidad variable según el tamaño de la fruta

460 g de piña pelada y cortada a lo largo
2 cucharadas de azúcar moreno
125 ml de agua

SAL NEGRA CON CAYENA

para 75 g

1 cucharada de pimienta de cayena
75 g de sal negra

Mezcle bien los ingredientes
y conserve en un recipiente
hermético.

SAL ROSA CON APIO

para 75 g

3 cucharaditas de semillas de apio
75 g de sal rosa del Himalaya

Mezcle bien los ingredientes
y conserve en un recipiente
hermético.

SAL *SHICHIMI*

para 75 g

2 cucharadas de *shichimi*
 (mezcla de especias japonesas)
75 g de sal marina

Mezcle bien los ingredientes
y conserve en un recipiente
hermético.

AZÚCAR CON HINOJO SILVESTRE

para 75 g

3 cucharaditas de polen de hinojo
75 g de azúcar en polvo

Mezcle bien los ingredientes
y conserve en un recipiente
hermético.

120 ml de agua con gas

30 ml de zumo de limón

¼ de cucharadita
de té matcha

15 ml de sirope básico
(*véase* receta pág. 12)

1 piel de limón
para decorar

MATCHA POWA

Preparación: 5 minutos
Servir en: un tumbler

Disuelva el té matcha con el sirope en una coctelera.
Añada el zumo de limón y hielo, y agite. Vierta el agua con gas
en la coctelera y mezcle. Filtre en un vaso grande lleno
de cubitos de hielo. Decore con la piel de limón.

agua para completar

30 ml de sirope básico
(*véase* receta pág. 12)

60 ml de zumo de limó

4 fresas sin pedúnculo, cortadas en cuatro trozos,
más unas cuantas para decorar

3 ramitas de tomillo, más unas cuantas
para decorar

BRISA FRESCA DE FRESA Y TOMILLO

Preparación: 5 minutos
Servir en: un tumbler

Machaque las fresas y el tomillo en una coctelera. Añada el resto de ingredientes, excepto el agua, y agite vigorosamente. Filtre 2 veces antes de servir en un vaso grande lleno de cubitos de hielo, y complete con agua.
Decore con una fresa y una ramita de tomillo.

1 puñado de lichis pelados
y sin hueso, y unos cuantos
más para decorar

30 ml de sirope básico
(*véase* receta pág. 12)

375 ml de agua con gas

375 ml de zumo de lichi

60 ml de zumo de limón

6 hojas de menta,
y unas cuantas
más para decorar

LICHI-TINI

Preparación: 5 minutos
Servir en: una jarra de 750 ml y vasos de whisky

Ponga la fruta, el zumo de lichi y la menta en la batidora de vaso y elabore un puré.
Filtre y añada el zumo de limón y el sirope. Justo antes de servir, vierta en una
jarra de 750 ml, complete con agua con gas y mezcle. Sirva con cubitos de hielo,
hojas de menta y lichis como decoración.

agua con gas para completar

60 g de piña, pelada y cortada en trozos

55 g de compota
de piña ahumada
(*véase* receta pág. 19)

3 ramitas de menta, y unas
cuantas más para decorar

trozos de piña
para decorar

SPRITZER DE MENTA Y PIÑA

Preparación: 5 minutos
Servir en: un vaso de mojito

Machaque la piña y la menta, y rellene el fondo del vaso de forma homogénea.
Añada hielo y la compota de piña, y complete con agua con gas.
Mezcle y sirva con una rodaja de piña y una ramita de menta.

30

40 ml de *shrub* de albaricoque (*véase* receta pág

60 ml de zumo de albaricoque

zumo de manzana con gas para completar

BELLINI DE ALBARICOQUE

Preparación: 5 minutos
Servir en: una copa de champán

Mezcle el *shrub* y el zumo de albaricoque en una coctelera hasta obtener una preparación homogénea. Vierta en una copa de champán y complete con el zumo de manzana con gas, sin olvidarse de mezclar.

1 cuña de lima

agua con gas para completar

1 puñado de arándanos,
y unos cuantos más para decorar

30 ml de sirope de cardamomo
(caliente 30 g de cardamomo en polvo,
150 g de azúcar y 150 ml de agua, y deje enfria

EXPLOSIÓN DE ARÁNDANOS Y CARDAMOMO

Preparación: 10 minutos
Servir en: un vaso de martini

Mezcle los arándanos y la cuña de lima en el fondo del vaso,
añada el sirope e incorpore bien. Agregue cubitos de hielo y complete
con agua con gas. Decore con unos cuantos arándanos enteros.

475 ml de zumo de frutos del bosque

240 ml de limonada

60 ml de sirope de verbena
(caliente un puñado de hojas de
verbena, 150 g de azúcar y 150 ml
de agua. Filtre y deje enfriar)

60 ml de zumo de lima

rodajas de limón y frutos
del bosque enteros
para decorar

BERRY PUNCH

Preparación: 10 minutos
Servir en: una jarra y vasos altos

Mezcle todos los ingredientes en una jarra grande.
Ponga el hielo, las rodajas de limón y los frutos del bosque
en los vasos y sirva.

120 ml de té al jazmín,
intenso y helado

40 ml de leche condensada

40 ml de leche de coco

20 ml de sirope de canela (caliente 3 ramas
de canela con 150 g de azúcar
y 150 ml de agua. Deje enfriar)

MILKOKO AL JAZMÍN

Preparación: 10 minutos
Servir en: un vaso grande

Ponga todos los ingredientes en una coctelera y agite vigorosamente.
Vierta en un vaso grande lleno de hielo picado.

60 ml de infusión de zumaque helada

1 clara de huevo

20 ml de sirope de hierbas
(*véase* receta pág. 12)

30 ml de zumo de granada

ZUMAQUE SOUR

Preparación: 5 minutos
Servir en: dos copas de champán

Mezcle todos los ingredientes en una coctelera y agite de 20 a 30 segundos aproximadamente, hasta que la clara de huevo emulsione. Añada el hielo y vuelva a agitar para que la preparación se enfríe. Filtre y reparta en 2 vasos.

agua con gas para completar

60 ml de crema de leche espesa

60 ml de zumo de limón

1 cucharada de jalea
de cereza

30 ml de sirope de cardamomo
(*véase* receta pág. 32)

nata y una cereza
para decorar

40

ESPUMOSO DE CEREZA Y CARDAMOMO

Preparación: 10 minutos
Servir en: un tumbler o un vaso de mojito

Mezcle todos los ingredientes, excepto el agua con gas,
en una coctelera con hielo para que la preparación se enfríe.
Vierta en un vaso grande lleno de cubitos de hielo y complete
con el agua con gas. Decore con nata y una cereza entera.

soda de jengibre para completar

frutos del bosque y rodajas
de lima para decorar

30 ml de zumo de lima

60 ml de zumo de frutos rojos

MOSCOW MULE AFRUTADO

Preparación: 5 minutos
Servir en: un vaso de whisky o una jarra de cobre

Mezcle los zumos de frutos rojos y de lima en un vaso o una jarra llenos
de cubitos de hielo. Complete con la soda de jengibre y decore
con los frutos del bosque y las rodajas de lima.

44

120 ml de agua

40 ml de leche de coco

1 dátil Medjool sin hue

80 ml de bebida vegetal de arroz

20 ml de sirope básico
(*véase* receta pág. 12)

25 g de semillas de
sésamo negro tostada
y unas cuantas más
para decorar

BEBIDA VEGETAL CON SÉSAMO NEGRO

Preparación: 10 minutos
Servir en: un tumbler

Hierva a fuego lento el agua, el dátil y el sésamo en un cazo pequeño.
Vierta en una coctelera y mezcle. Filtre y deje enfriar.
Añada el resto de ingredientes en una coctelera llena de hielo.
Agite bien para que la preparación se enfríe. Filtre a un vaso alto lleno
de cubitos de hielo y decore con unas cuantas semillas de sésamo.

360 ml de zumo de tomate

el zumo de 1 lima

60 mg de jengibre rallado

1 cucharadita de salsa *Sriracha* (o más, en función de su tolerancia al picante)

60 ml de salsa Worcestershire

120 ml de *kimchi* con su jugo (verduras fermentadas picantes)

1 ½ cucharadas de vinagre de arroz

BLOODY KIMCHI

Preparación: 5 minutos
Servir en: una jarra y vasos de whisky

Mezcle todos los ingredientes en una jarra grande y remueva bien.
Sirva en vasos de whisky llenos de cubitos de hielo.

agua con gas
para completar

120 ml de bebida
vegetal de arroz

½ cucharadita de pimienta
de cayena

1 rama de canela

48

1 cucharada
de azúcar moreno

40 g de chocolate mexicano,
u otro chocolate de calidad, rallado

canela en polvo
para decorar

ESPUMOSO MEXICANO CON CHOCOLATE

Preparación: 5 minutos
Servir en: un vaso de whisky

Mezcle en un cazo la bebida vegetal de arroz, la pimienta y la rama de canela,
y hierva a fuego lento durante 5 minutos, removiendo a menudo.
Añada el azúcar y disuélvalo. Deje enfriar. Pase a una coctelera llena de hielo
y sirva en vasos llenos de cubitos. Complete con el agua con gas.
Decore con una pizca de canela en polvo.

60 ml de zumo de lima

30 ml de agua con gas

30 ml de aceite de combava y romero
(*véase* receta pág. 15)

2 hojas de lima kaffir, y unas cuantas
más para decorar

DAIQUIRI TAILANDÉS

Preparación: 5 minutos
Servir en: una copa

Machaque las hojas de lima kaffir en un vaso de mezcla antes de añadir el resto de ingredientes y el hielo. Incorpore con cuidado y filtre para servir en una copa. Decore con una hoja de lima kaffir.

agua con gas
para completar

90 ml de mosto blanco

15 ml de granadina

20 ml de sirope de lavanda (caliente 150 ml
de agua con 150 g de azúcar y 1 cucharada de
lavanda seca hasta que el azúcar se disuelva.
Deje enfriar y filtre)

1 ramita de lavanda para decorar

ESPUMOSO DE LAVANDA

Preparación: 5 minutos
Servir en: una copa de champán

Mezcle todos los ingredientes, salvo el agua con gas, en una copa de champán.
Complete con el agua con gas y e incorpore con cuidado.
Decore con la lavanda.

1 cucharada de jalea
de cereza

54

60 ml de zumo de lima

60 ml de zumo de cereza

1 cereza confitada para decorar

30 ml de zumo de aloe vera

ALOE CHERRY VERA

Preparación: 5 minutos
Servir en: una copa

Ponga todos los ingredientes en una coctelera llena de hielo.
Agite vigorosamente y filtre 2 veces antes de servir en un vaso helado.
Decore con una cereza.

agua con gas
para completar

120 ml de zumo de frambuesa

30 ml de jarabe de saúco

60 ml de mosto blanco

1 frambuesa para decorar

CHAMPÁN DE FRAMBUESA

Preparación: 6 minutos
Servir en: una copa de champán

Ponga todos los ingredientes en un vaso de mezcla lleno de hielo
y remueva hasta que el cóctel esté bien frío.
Filtre a una copa de champán y decore con una frambuesa.

refresco de lima-limón para completar

60 ml de zumo de lima

1 cucharadita
de chile

100 g de sandía sin semillas
y cortada en dados

1 cucharadita
de ralladura de lima

sal negra con cayena
(*véase* receta pág. 20)

FOGOSO DE SANDÍA

Preparación: 10 minutos
Servir en: un vaso alto

Mezcle todos los ingredientes en la batidora de vaso, excepto el refresco
y la sal, con 100 g de hielo. Decore el borde del vaso con la sal negra,
sirva la preparación y complete con el refresco.

1 l de agua

rodajas de limón
para decorar (opcional)

100 g de azúcar en polvo

240 ml de zumo de limón

LIMONADA

Preparación: 5 minutos
Servir en: una jarra y tumblers

Mezcle el azúcar y el zumo de limón en una jarra grande hasta que
el azúcar se disuelva. Añada el agua y sirva con cubitos de hielo.
Decore con rodajas de limón si lo desea.

60 ml de agua de coco

60 ml de zumo de lima

60 ml de agua hirviendo

62

30 ml de sirope básico
(*véase* receta pág. 12)

2 g de flores de hibisco, y unas
cuantas flores de hibisco y rodajas
de lima para decorar

60 g de hielo

GRANIZADO DE HIBISCO Y LIMA

Preparación: 5 minutos, más 30 minutos de infusión
Servir en: un tumbler

En un recipiente resistente al calor, prepare la infusión de hibisco con agua hirviendo durante 30 minutos, o hasta que la infusión esté a temperatura ambiente. Filtre y mezcle con el zumo de lima, el agua de coco, el sirope y el hielo. Incorpore en la batidora de vaso para obtener un granizado. Sirva en un vaso grande, con una pajita, y decore con una rodaja de lima y flores de hibisco.

tónica para completar

60 ml de zumo de lima

30 ml de sirope de saúco

60 ml de agua

3 rodajas de pepino

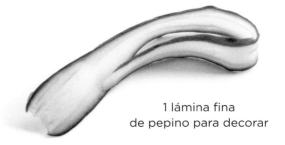

1 lámina fina
de pepino para decorar

64

ESPUMOSO DE PEPINO Y SAÚCO

Preparación: 5 minutos
Servir en: un vaso de whisky

Machaque las rodajas de pepino en una coctelera. Añada el sirope,
el zumo de lima, el agua y el hielo, y agite. Filtre 2 veces y sirva
en un vaso lleno de cubitos de hielo. Complete con la tónica
y decore con una lámina de pepino.

100 ml de zumo de piña

1 rodaja de piña, una guinda y hojas
de menta para decorar

140 g de hielo

120 ml de crema de coco

PIÑA COLADA

Mezcle todos los ingredientes en la batidora de vaso hasta obtener
una preparación cremosa. Vierta en un vaso grande y decore
con la rodaja de piña, la guinda y la menta.

200 ml de soda
de jengibre

30 ml de zumo
de lima

30 ml de sirope básico
(*véase* receta pág. 12)

10 hojas de menta, y unas cuantas
más para decorar

1 rodaja de lima
para decorar

MOJITO

Preparación: 5 minutos
Servir en: un vaso de whisky

Machaque las hojas de menta en una coctelera, añada el sirope y el
zumo de lima, luego el hielo, y agite. Complete con la soda de jengibre.
Filtre y sirva en un vaso lleno de cubitos de hielo.
Decore con una ramita de menta y una rodaja de lima.

40 ml de zumo de lima

6 hojas de albahaca, y unas cuantas
más para decorar

4 rodajas de pepino, y unas cuantas
más para decorar

40 ml de sirope básico
(*véase* receta pág. 12)

60 ml de agua

GIMLET DE ALBAHACA Y PEPINO

Preparación: 5 minutos
Servir en: un vaso de whisky

Machaque las hojas de albahaca y el pepino en una coctelera.
Añada el zumo de lima, el sirope, el agua y el hielo. Agite bien para que
el cóctel se enfríe. Filtre y sirva en un vaso lleno de cubitos de hielo.
Decore con hojas de albahaca y rodajas de pepino.

sal rosa con apio (*véase* receta pág. 20)
para el borde del vaso

60 ml de sirope básico
(*véase* receta pág. 12)

80 ml de zumo de lima

1 tallo de apio cortado en trozos,
y las hojas para decorar

30 ml de zumo de naranja

MARGARITA DE APIO Y LIMA

Preparación: 5 minutos
Servir en: un vaso de margarita

Mezcle todos los ingredientes (excepto la sal y las hojas de apio) en la batidora de vaso hasta obtener una preparación homogénea.
Filtre aprovechando el máximo zumo del puré de apio. Vuelva a verter el líquido en la batidora e incorpore bien con hielo o use una coctelera para que la mezcla se enfríe.
Decore el borde del vaso con la sal rosa y sirva con hojas de apio.

45 ml de sirope de agave

74

45 ml de zumo de lima

3 tomates cherry maduros,
más uno cortado en por la mitad
para decorar

agua fría para completar

sal rosa con apio (*véase* receta pág. 20)
para el borde del vaso

CÓCTEL DE TOMATE

Preparación: 5 minutos
Servir en: un tumbler

Aplaste los tomates en una coctelera y añada el zumo de lima, el sirope
de agave y el hielo. Agite bien. Decore el borde del vaso con la sal rosa
y llénelo de cubitos de hielo. Filtre 2 veces la bebida y sírvala.
Complete con agua fría. Mezcle y decore con medio tomate cherry.

180 ml de leche

60 ml de zumo de lima

60 ml de leche condensada azucarada

3 mazorcas de maíz frescas (desgranadas)

una pizca de azafrán

1 rodaja de lima para decorar

LECHE SOLAR

Preparación: 50 minutos
Servir en: un tumbler

Haga un puré con el maíz en la batidora de vaso. Hiérvalo a fuego lento junto con la leche en un cazo de 30 a 45 minutos. Filtre y deje enfriar. Pase la mezcla a una coctelera con el resto de ingredientes y el hielo. Agite para que se enfríe. Filtre 2 veces y sirva en un vaso grande lleno de cubitos de hielo y decore con la lima.

240 ml de agua

3 flores de borraja, y unas cuantas
más para decorar

240 g de hielo

20 ml de sirope básico (*véase* receta pág. 12)

60 ml de zumo de limón

LIMONADA CON BORRAJA

Ponga todos los ingredientes en la batidora de vaso y mezcle para desmenuzar la borraja. Vierta en un vaso grande lleno de cubitos de hielo. Decore con las flores de borraja.

45 ml de sirope básico
(*véase* receta pág. 12)

½ lima cortada en trozos
(con piel)

2 cucharadas de leche condensada azucarada

100 ml de agua

LIMONADA BRASILEÑA

Preparación: 5 minutos
Servir en: un tumbler

Mezcle la lima, la leche condensada, el sirope y el agua
en la batidora. Filtre a través de un colador fino y
sirva en un vaso grande lleno de hielo, con una pajita.

60 ml de zumo de cúrcuma fresco
(mezcle un trozo de cúrcuma de 3 cm con agua
en cantidad suficiente en la batidora de vaso,
y filtre exprimiendo el zumo)

2 ramitas de menta, y unas cuantas
más para decorar

1 trozo de lima

200 ml de agua de coco

ELIXIR DE JUVENTUD CON CÚRCUMA

Preparación: 10 minutos
Servir en: un tumbler

Machaque la menta y la lima en un vaso grande.
Añada el zumo de cúrcuma, el agua de coco y hielo.
Incorpore bien y decore con una ramita de menta.

Piel de bergamota

60 ml de aceite de bergamota
(*véase* receta pág. 14)

120 ml de limonada de bergamota
o limonada normal

2 fresas sin pedúnculo y cortadas por la mitad

240 g de hielo

LIMONADA AFRUTADA

Preparación: 5 minutos
Servir en: un tumbler

Mezcle en la batidora de vaso todos los ingredientes, excepto
la piel de bergamota, hasta obtener una preparación homogénea.
Vierta en un vaso grande y decore con la piel de bergamota.

30 ml de sirope
de hierbas

120 ml de zumo de melocotón

2 cuñas finas de melocotón
para decorar

tónica para completar

20 ml de zumo de limón

20 ml de sirope de granada

PEACHY KEEN

Preparación: 5 minutos
Servir en: un vaso de whisky

Mezcle el zumo de melocotón, el sirope de hierbas, el zumo de limón y el sirope
de granada en una coctelera llena de hielo. Agite para que el cóctel se enfríe bien.
Filtre y sirva en un vaso lleno de cubitos de hielo. Complete con el agua
con gas e introduzca las cuñas de melocotón en la bebida.

120 ml de zumo de naranja

240 ml de agua con gas

475 ml de zumo de acaí

100 g de fresas cortadas en láminas, ½ manzana
en dados y 1 naranja en rodajas

120 ml de mosto blanco

SANGRÍA

Preparación: 5 minutos, más 30 minutos para enfriar
Servir en: una jarra grande y vasos de punch

Mezcle todos los ingredientes, excepto el agua con gas, en una jarra grande.
Introduzca en el frigorífico durante 30 minutos. Cuando vaya a servir,
añada el agua con gas y sirva en vasos llenos de cubitos de hielo.

½ cucharadita de extracto
de vainilla

120 ml de bebida de anacardo
(se puede sustituir por cualquier
bebida vegetal o leche animal)

30 ml de leche condensada
azucarada

agua con gas para completar

1 fresa para decorar

60 ml de *shrub* de fresa y ruibar
(*véase* receta pág. 16)

PUNCH DE FRESA Y RUIBARBO

Preparación: 5 minutos
Servir en: un tumbler

Mezcle todos los ingredientes, excepto el agua con gas, en una coctelera
llena de hielo y agite hasta que la preparación esté bien fría.
Filtre y sirva en un vaso grande lleno de cubitos de hielo y complete
con el agua con gas. Decore con una fresa.

tónica para completar

175 ml de zumo de albaricoque
sin azúcar añadido

15 ml de agua de azahar

60 ml de sirope de hierbas (*véase* receta pág. 12)

1 ramita de menta para decorar

PUNCH DE VERANO CON ALBARICOQUE

Preparación: 5 minutos
Servir en: un vaso de whisky

Mezcle todos los ingredientes, excepto la tónica, en un vaso ancho lleno
de cubitos de hielo. Complete con la tónica y decore con la ramita de menta.

60 ml de limonada

20 ml de limonada de flores de saúco

20 ml de zumo de lima

2 ramitas de menta,
y unas cuantas más para decorar

rodajas de limón
para decorar

LIMONADA CON FLORES DE SAÚCO Y MENTA

Preparación: 5 minutos
Servir en: un tumbler

Aplaste la menta en el fondo de un vaso grande. Añada el resto de ingredientes junto al hielo y mezcle. Decore con el limón y la menta.

60 ml de zumo de lima

1 ramita de menta y 1 cuña de lima
para decorar

½ cucharadita de melaza

240 ml de soda de jengibre

CÓCTEL SOLAR

Preparación: 5 minutos
Servir en: un tumbler

Mezcle todos los ingredientes en un vaso grande lleno de hielo picado.
Añada primero la melaza, luego la soda de jengibre y, finalmente, el zumo de lima.
Decore con la lima y la menta.

2 cucharaditas
de azúcar en polvo

2 cucharaditas
de bebida de anacardo

2 cucharaditas de leche
condensada azucarada

½ cucharadita
de melaza

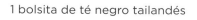

1 bolsita de té negro tailandés

240 ml de agua hirviendo

4 trozos de mango deshidrata
y unos cuantos más, cortado
en tiras para decorar

TÉ HELADO TAILANDÉS CON MANGO

Preparación: 5 minutos, más 10 minutos para que se enfríe
Servir en: un tumbler

En una taza grande o un cuenco, ponga en infusión el té, el mango y el azúcar
en agua hirviendo, y deje enfriar. Retire el mango y la bolsita de té.
Añada el resto de ingredientes y mezcle. Sirva en un vaso grande
lleno de cubitos de hielo y agregue las tiras de mango.

60 ml de agua

30 ml de zumo de limón

120 ml de puré de melón
(elaborado en la batidora de vaso)

15 ml de aceite de limón
(*véase* receta pág. 14)

2 gajos finos de melón
para decorar

NÉCTAR DE VERANO CON MELÓN

Preparación: 5 minutos
Servir en: un vaso de whisky

Mezcle todos los ingredientes en un vaso de whisky.
Añada hielo y decore con los gajos de melón.

2 ramitas de menta,
y unas cuantas más para decorar

150 ml de zumo de naranja

150 ml de leche de coco

45 g de plátano deshidratado

25 g de piña deshidratada

2 trozos de mango deshidratado

1 trozo de piña fresca
para decorar

FUSIÓN TROPICAL

Preparación: 20 minutos
Servir en: un tumbler

En un cazo, lleve a ebullición la leche de coco y la fruta deshidratada.
Baje el fuego y hierva a fuego lento durante 15 minutos, para que se fusionen
los aromas. Deje enfriar y pase a una coctelera con el zumo de naranja, la menta
y el hielo. Agite vigorosamente. Filtre y sirva en un vaso grande lleno
de cubitos de hielo. Decore con el trozo de piña y la menta.

60 ml de zumo de naranja

1 rodaja de naranja para decorar

30 ml de sirope a las cuatro especias
(*véase* receta pág. 13)

120 ml de café frío

20 ml de leche

CAFÉ FRAPPÉ CON NARANJA

Preparación: 5 minutos
Servir en: un tumbler

Ponga todos los ingredientes en una coctelera llena de hielo.
Agite vigorosamente para que el café y la leche hagan espuma. Sirva en un
vaso grande lleno de cubitos de hielo y decore con una rodaja de naranja.

30 ml de zumo de naranja

piel de naranja
para decorar

30 ml de mosto blanco

120 ml de bitter

ESTO NO ES UN NEGRONI

Preparación: 5 minutos
Servir en: un vaso de whisky

Ponga todos los ingredientes en un vaso y mezcle con el hielo para que
el cóctel se enfríe. Filtre y sirva en un vaso lleno de cubitos de hielo.
Decore con piel de naranja.

108

60 ml de zumo de limón

30 ml de sirope básico
(*véase* receta pág. 12)

240 g de hielo

60 ml de compota de pera asada
(*véase* receta pág. 18)

2 ramitas de salvia

GRANIZADO DE PERA Y SALVIA

Preparación: 5 minutos
Servir en: un vaso de whisky

Ponga todos los ingredientes, excepto una de las ramitas de salvia,
en una batidora de vaso y mezcle para obtener una preparación homogénea.
Sirva en un vaso ancho y decore con una ramita de salvia.

15 ml de sirope de manzana y jengibre

15 ml de sirope de arce

180 ml de zumo de manzana, con o sin gas

2 ramas de canela

ZUMO DE MANZANA CALIENTE CON ARCE

Preparación: 20 minutos
Servir en: una taza

Mezcle todos los ingredientes, excepto las ramas de canela, en un cazo pequeño y lleve a ebullición. Baje el fuego y hierva a fuego lento durante 15 minutos. Sirva caliente en una taza e introduzca las ramas de canela.

180 ml de soda
de jengibre

nuez moscada recién rallada
para decorar

1 cm de jengibre fresco,
y una lámina para decorar

30 ml de sirope a las cuatro especias
(*véase* receta pág. 13)

60 ml de puré de calabaza
(*véase* receta pág. 19)

ELIXIR DE OTOÑO

Preparación: 5 minutos
Servir en: un vaso de whisky

Aplaste el jengibre en un vaso de mezcla y añada el puré y el sirope.
Mezcle bien. Agregue la soda de jengibre y hielo, e incorpore. Filtre
y sirva con cubitos de hielo. Decore con una lámina de jengibre
y una pizca de nuez moscada rallada.

60 ml de zumo de naranja

240 ml de agua

25 g de azúcar en polvo

15 g de jengibre pelado
y cortado en láminas

2 cucharadas de pasta
de tamarindo

1 rodaja de naranja cortada
por la mitad para decorar

CÓCTEL DE TAMARINDO Y JENGIBRE

Preparación: 20 minutos
Servir en: un vaso de whisky

En un cazo pequeño, hierva a fuego lento el tamarindo, el agua,
el jengibre y el azúcar durante 15 minutos. Deje enfriar a temperatura
ambiente, filtre y pase a una coctelera. Añada el zumo de naranja y el hielo.
Agite vigorosamente y sirva en un vaso lleno de cubitos de hielo.
Decore con la rodaja de naranja.

100 ml de zumo
de naranja sanguina

60 ml de leche condensada

agua con gas
para completar

½ cucharadita
de extracto de vainilla

¼ de cucharadita de agua de azahar

1 rodaja de naranja sanguina
para decorar

DIVINA NARANJA SANGUINA

Preparación: 5 minutos
Servir en: un tumbler

Ponga todos los ingredientes, excepto el agua con gas, en una coctelera con hielo y agite bien para que se enfríe. Filtre y sirva en un vaso grande lleno de hielo y complete con el agua con gas. Decore con la rodaja de naranja sanguina.

30 ml de zumo de limón

30 ml de zumo de pomelo

140 ml de té Earl Grey
a temperatura ambiente

60 ml de aceite de pomelo
(*véase* receta pág. 15)

tiras de piel de pomelo
para decorar

RAYO DE LUZ EN LA OSCURIDAD

Preparación: 5 minutos
Servir en: una copa

Ponga todos los ingredientes en una coctelera con hielo y agite para
que la mezcla se enfríe. Filtre y sirva en una copa llena de cubitos de hielo
y decore con la piel de pomelo.

60 ml de leche

240 ml de agua

24 g de azúcar en polvo
(al gusto)

1 bolsita de té chai

15 g de manzana deshidratada,
y unas cuantas más para decorar

15 g de jengibre en polvo

2,5 cm de cúrcuma fresca

1 rama de canela
para decorar

CHAI DE MANZANA, JENGIBRE Y CÚRCUMA

Preparación: 20 minutos
Servir en: una taza o un vaso de whisky resistente al calor

En un cazo pequeño, hierva el agua con el té, la manzana, la cúrcuma
y el jengibre. Baje el fuego, cubra y hierva a fuego lento durante 15 minutos.
Retire la bolsita de té. Añada el azúcar y la leche, y bata con un batidor de mano
para que se disuelva el azúcar. Filtre y sirva en un recipiente resistente al calor.
Decore con una rama de canela y una lámina de manzana deshidratada.

1 cuña de manzana para decorar

60 ml de puré de calabaza
(*véase* receta pág. 19)

100 ml de té Lapsang Souchong
a temperatura ambiente

30 ml de sirope de arce

100 ml de zumo de manzana con o sin gas

CALABAZA AHUMADA

Preparación: 5 minutos
Servir en: un vaso de whisky

Mezcle todos los ingredientes en la coctelera con hielo para que el cóctel se enfríe.
Filtre y sirva en un vaso y decore con una cuña de manzana.

180 ml de agua con gas

cuñas de ciruela para decorar

60 ml de *shrub*
de ciruela y canela

LUNA ROJA

Preparación: 5 minutos
Servir en: un vaso de whisky

Mezcle bien el *shrub* y el agua con gas en un vaso lleno de cubitos de hielo.
Decore con cuñas de ciruela.

40 ml de soda de jengibre

120 ml de zumo de zanahoria

60 ml de zumo de naranja

tiras de piel de naranja para decorar

¿QUÉ HAY DE NUEVO, DOCTOR?

Preparación: 6 minutos
Servir en: un vaso de whisky

Ponga todos los ingredientes en un vaso lleno de cubitos de hielo y mezcle bien.
Decore con la piel de naranja.

180 ml de zumo de naranja

tiras de piel de naranja
para decorar

60 ml de compota
de piña ahumada

30 ml de bebida de nuez
de macadamia

NARANJA AHUMADA

Preparación: 5 minutos
Servir en: un tumbler

Mezcle todos los ingredientes en una coctelera y agite con hielo para que se enfríe.
Filtre y sirva en un vaso grande lleno de cubitos de hielo.
Decore con la piel de naranja.

60 ml de zumo de yuzu

30 ml de sirope de flores de saúco

agua con gas

120 ml de infusión de yuzu
a temperatura ambiente

2 rodajas de jalapeño
para decorar

sal *shichimi* (*véase* receta pág. 21)
para el borde del vaso

ESPUMOSO DE YUZU Y ESPECIAS

Preparación: 5 minutos
Servir en: un tumbler

Mezcle todos los ingredientes, excepto el agua con gas y la sal, en una coctelera llena de hielo y agite para que el cóctel se enfríe. Decore el borde de un vaso grande, filtre y sirva con cubitos de hielo, y complete con el agua con gas. Decore con las rodajas de jalapeño.

120 ml de zumo
de manzana con o sin gas

60 ml de zumo de limón

60 ml de sirope
a las cuatro especias

nuez moscada recién rallada
para decorar

2 cucharadas de puré de calabaza
(*véase* receta pág. 19)

1 clara de huevo

FLIP DE CALABAZA

Preparación: 5 minutos
Servir en: una copa

Mezcle todos los ingredientes en una coctelera sin hielo y agite en seco
de 20 a 30 segundos, hasta que la clara de huevo emulsione. Añada el hielo
y deje que la preparación se enfríe. Filtre y sirva en una copa,
y termine con nuez moscada.

15 ml de zumo de lima

120 ml de zumo de piña

15 ml de zumo de granada

láminas finas de piña y una
cereza confitada para decorar

60 ml de compota de piña ahumada
(*véase* receta pág. 19)

SINGAPORE SLING

Mezcle todos los ingredientes en una coctelera llena de hielo y agite
para que la preparación se enfríe. Filtre y sirva en un vaso grande.
Decore con la piña y la cereza.

soda de jengibre
para completar

1 ramita de romero
para decorar

30 ml de aceite de lima kaffir y romero
(*véase* receta pág. 15)

60 ml de zumo de lima

GINGER MULE

137

Para todos los ingredientes, excepto la soda de jengibre, en un vaso grande lleno de cubitos de hielo y mezcle bien. Complete con la soda y vuelva a mezclar. Decore con una ramita de romero.

nuez moscada recién rallada
para decorar

60 ml de leche entera

1 cucharadita de extracto de vainilla

120 ml de té Darjeeling
a temperatura ambiente

60 ml de sirope a las cuatro especias
(*véase* receta pág. 13)

138

PUNCH RECONFORTANTE CON LECHE

Preparación: 5 minutos
Servir en: una taza o un vaso de whisky resistente al calor

Caliente todos los ingredientes en un cazo pequeño a fuego lento.
Cuando la mezcla esté bien caliente, sírvala en una taza o un vaso resistente al calor
y corone con la nuez moscada.

60 ml de sirope de arce

8 g de naranjas deshidratadas

15 g de manzanas deshidratadas, y unas cuantas más para decorar

180 ml de zumo de manzana con o sin gas

8 g de bayas de goji deshidratadas

4 clavos de olor

2 vainas de cardamomo

GROG CON ESPECIAS AL ESTILO APPLE-PIE

Preparación: 15 minutos
Servir en: una taza o un vaso de whisky resistente al calor

Ponga todos los ingredientes en un cazo pequeño y hierva a fuego lento durante 10 minutos, hasta que la mezcla esté bien caliente. Cuando los sabores estén bien infusionados, filtre y sirva en una taza o un vaso resistente al calor. Decore con una lámina de manzana deshidratada.

142

240 ml de café fuerte muy caliente

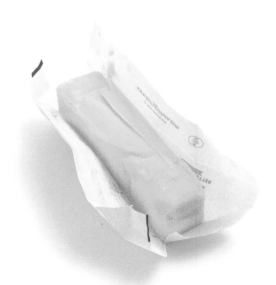

1 cucharadita de mantequilla

1 cucharada de aceite de coco

2 cucharadas de leche condensada azucarada

CAFÉ COCO

Preparación: 5 minutos
Servir en: una taza o un vaso de whisky resistente al calor

Ponga todos los ingredientes en la batidora para obtener una mezcla espumosa.
Pase a una taza o un vaso resistente al calor.

120 ml de bitter

2 rodajas de naranja sanguina
para decorar

30 ml de aceite de pomelo
(*véase* receta pág. 15)

45 ml de zumo de naranja sanguina

BLOODY & BITTER

Preparación: 5 minutos
Servir en: un tumbler

Vierta el zumo de naranja y el aceite de pomelo en una coctelera llena
de hielo y agite. Añada el bitter y mezcle. Filtre y sirva en un vaso grande
lleno de cubitos de hielo. Decore con las rodajas de naranja sanguina.

60 ml de zumo de limón

1 trozo de 5 cm de jengibre fresco
pelado y rallado

una pizca de pimienta de cayena,
y un poco más para decorar

1 cucharadita de cúrcuma en polvo

120 ml de zumo de naranja

NARANJADA

Preparación: 5 minutos
Servir en: un vaso de whisky

Ponga todos los ingredientes en un vaso de whisky
lleno de cubitos de hielo y mezcle bien.
Añada una pizca de pimienta de cayena sobre el cóctel.

30 ml de zumo de yuzu

15 ml de miel

180 ml de té Hojicha a temperatura ambiente

agua con gas para completar

YUZU AL AROMA DE MADERA

Preparación: 5 minutos
Servir en: una copa

Mezcle todos los ingredientes, excepto el agua con gas, en una coctelera llena de hielo y agite para que el cóctel se enfríe. Filtre y sirva en una copa llena de cubitos de hielo, y complete con el agua con gas.

1 puñado de agujas de pino
(pino blanco, picea o pino douglas)

1 cucharada de sirope de arce

240 ml de bebida
de anacardo

nuez moscada recién rallada
para decorar

QUINTO PINO

Preparación: 35 minutos
Servir en: un vaso de whisky

Caliente la bebida vegetal y las agujas de pino en un cazo pequeño
a fuego medio y hierva durante 30 minutos, o hasta que se fusionen los aromas.
Deje enfriar y pase a una coctelera llena de hielo con el sirope de arce y agite.
Filtre y sirva en un vaso lleno de cubitos de hielo. Decore con una pizca
de nuez moscada recién rallada.

Para la masa:

120 g de azúcar en polvo

120 g de azúcar moreno

120 g de mantequilla
a temperatura ambiente

152

1 cucharadita
de canela en polvo

¼ de cucharadita
de clavo en polvo

¼ de cucharadita
de nuez moscada
en polvo

200 g de helado de vain
ligeramente ablandado
con agua hirviendo

Para la delicia a la vainilla:

agua hirviendo

1 rama de canela y anís estrellado
para decorar

DELICIA A LA VAINILLA

Preparación: 5 minutos
Servir en: una taza o un vaso de whisky resistente al calor

153

Para elaborar la mezcla, incorpore en un cuenco la mantequilla, los azúcares y
las especias. Añada el hielo y bata hasta obtener una preparación homogénea.
Pase la masa a un recipiente con tapa hermética. Se puede conservar en el
congelador durante 2 semanas. Para la bebida, ponga la masa en una taza
o un vaso resistente al calor, llene con agua hirviendo y mezcle.
Decore con una rama de canela y anís estrellado.

180 ml de leche

1 huevo batido

½ cucharadita de canela en polvo,
y una pizca para decorar

30 ml de sirope de arce

60 ml de puré de caqui y especias
(*véase* receta pág. 18)

PONCHE DE HUEVO CON CAQUI

Preparación: 10 minutos
Servir en: una taza o un vaso de whisky resistente al calor

Caliente la leche en un cazo pequeño a fuego lento.
Vierta poco a poco el huevo, batiendo la preparación para que no se cueza.
Vigile que no se caliente demasiado. Añada el resto de ingredientes y mezcle bien.
Sirva en una taza o un vaso resistente al calor y decore con una pizca de canela.

agua con gas
para completar

30 ml de zumo
de limón

60 ml de zumo
de pomelo

30 ml de sirope básico
(*véase* receta pág. 12)

sal marina para
el borde del vaso

1 rodaja de pomelo
para decorar

PALOMA

Preparación: 5 minutos
Servir en: una copa de champán

Decore el borde del vaso con la sal. Vierta todos los ingredientes
en un vaso de mezcla lleno de hielo e incorpore bien.
Sirva y decore con una rodaja de pomelo.

rodajas de naranja para decorar

180 ml de agua

salvia para decorar

60 ml de *shrub* de arándanos y salvia
(*véase* receta pág. 17)

80 ml de zumo de bergamota

CÓCTEL DE BERGAMOTA
Y ARÁNDANOS

Preparación: 5 minutos
Servir en: un tumbler

Mezcle todos los ingredientes en una coctelera con hielo y agite bien para que el cóctel se enfríe. Vierta en un vaso grande lleno de cubitos de hielo. Frote una ramita de salvia para liberar los aceites esenciales antes de colocarla sobre la bebida. Decore con rodajas de naranja.

120 ml de bebida
de macadamia

tiras de piel de naranja para decorar

2 ramitas de menta

1 cucharada de mermelada
de naranja o de kumquat

60 ml de zumo de naranja

PUNCH MENTOLADO
DE NARANJA Y MACADAMIA

Preparación: 5 minutos
Servir en: un vaso de whisky

Aplaste la menta en el fondo de una coctelera. Añada el resto de ingredientes
y el hielo, y agite bien para que la mezcla se enfríe. Filtre y sirva en un vaso
de whisky lleno de cubitos de hielo y decore con las pieles de naranja.

240 ml de té Lapsang Souchong caliente

1 cucharada de miel

60 ml de zumo de limón

1 cuña de limón para decorar

HOT TODDY

Preparación: 5 minutos
Servir en: una taza o un vaso resistente al calor

Mezcle todos los ingredientes en una taza o un vaso resistente al calor.
Sirva con una cuña de limón.

60 ml de zumo de lima kaffir
(o de limón)

60 ml de limonada

60 ml de aceite
de lima kaffir y romero
(*véase* receta pág. 15)

1 clara de huevo

1 ramita de romero para decorar

164

FLIP DE LIMA KAFFIR Y ROMERO

Preparación: 5 minutos
Servir en: una copa

Mezcle todos los ingredientes en una coctelera, sin hielo,
y agite de 20 a 30 segundos para emulsionar el huevo.
Añada el hielo y agite para que se enfríe. Filtre y sirva en una copa,
sin hielo, con una ramita de romero.

180 ml de zumo
de manzana con o sin gas

1 cucharada de sirope
de granada

4 clavos

1 vaina de cardamomo

2 anises estrellados

1 rama de canela

166

«SIDRA» CALIENTE CON GRANADA

Preparación: 15 minutos
Servir en: una taza o un vaso de whisky resistente al calor

Mezcle el zumo y las especias en un cazo pequeño y lleve a ebullición.
Baje el fuego y hierva a fuego lento durante 10 minutos para que infusionen
las especias. Añada el sirope de granada e incorpore bien.
Sirva en una taza o un vaso resistente al calor.

850 ml de agua

100 g de azúcar en polvo

1 cucharada de cuatro
especias en grano

15 g de flores de hibisco secas,
y unas cuantas más para decorar

4 láminas finas de jengibre

1 rama de canela

rodajas de lima para decorar

INFUSIÓN DE INVIERNO CON HIBISCO

Preparación: 10 minutos, más 30 minutos de reposo
Servir en: una jarra de 950 ml y tumblers

Ponga en un cazo pequeño 420 ml de agua, las cuatro especias,
el jengibre y la canela, y lleve a ebullición. Mezcle para que el azúcar se disuelva.
Retire del fuego y añada las flores de hibisco. Cubra y deje reposar 30 minutos.
Filtre y vierta en una jarra grande. Añada cubitos de hielo y el resto del agua.
Sirva en vasos grandes llenos de cubitos de hielo y decore con rodajas
de lima y flores de hibisco.

200 ml de agua

1 rama de canela

1 o 2 cucharadas de azúcar moreno

2 trozos de caqui deshidratado

1 trozo de jengibre
de 1 a 2 cm de largo

TÉ CON CANELA Y CAQUI

Preparación: 15 minutos
Servir en: una taza o un vaso resistente al calor

Ponga todos los ingredientes en un cazo pequeño (1 solo trozo de caqui)
y lleve a ebullición. Baje el fuego, cubra y hierva a fuego lento durante 10 minutos.
Pase a una taza o un vaso resistente al calor y sirva acompañado de la rama
de canela y el trozo de caqui deshidratado restante.

240 ml de bebida de trigo sarraceno tostado
(2 cucharadas de sarraceno tostado para 240 ml
de agua hirviendo)

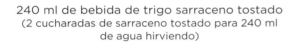

1 trozo de jengibre de 1 a 2 cm

30 ml de sirope de arce

30 ml de vinagre de arroz

TÉ ASADO

Preparación: 20 minutos
Servir en: una taza o un vaso de whisky resistente al calor

Mezcle en un cazo pequeño la infusión de cereales, el sirope de arce y el jengibre
y hierva a fuego lento durante 15 minutos. Retire del fuego y añada
el vinagre. Sirva en una taza o un vaso resistente al calor.

100 ml de *shrub* de arándanos y salvia (*véase* receta pág. 17)

475 ml de zumo de arándanos

180 ml de zumo de naranja

4 rodajas de naranja deshidrata

rodajas de naranja y arándanos
para decorar

1 cucharada de bayas de enebro
ligeramente aplastadas

PUNCH DE INVIERNO

Preparación: 10 minutos
Servir en: una jarra grande y vasos de whisky

Ponga el *shrub*, las naranjas deshidratadas y las bayas de enebro en un cazo pequeño y hierva a fuego lento durante 5 minutos, hasta que se liberen los aromas. Deje enfriar. Mezcle los dos zumos y la preparación de vinagre en una jarra grande llena de hielo. Remueva bien y sirva en vasos. Decore con las rodajas de naranja y los arándanos.

176

tónica para completar

45 ml de zumo de naranja

30 ml de zumo de limón

2 ramitas de romero

3 kumquats

30 ml de sirope básico
(*véase* receta pág. 12)

CÓCTEL DE KUMQUAT Y ROMERO

Preparación: 5 minutos
Servir en: un tumbler

Aplaste los kumquats, el romero y el sirope en una coctelera.
Añada el resto de ingredientes, excepto la tónica, y el hielo, y agite.
Pase a un vaso grande lleno de cubitos de hielo y complete con la tónica.

120 ml de zumo de naranja sanguina

azúcar con hinojo silvestre
(*véase* receta pág. 21)

30 ml de sirope de jengibre
(mezcle en la batidora 1 o 2 trozos de jengibre
de 8 cm con agua. Filtre exprimiendo el zumo)

60 ml de zumo de lima

MARGARITA DE JENGIBRE
Y NARANJA SANGUINA

Preparación: 5 minutos
Servir en: una copa de champán

Mezcle todos los ingredientes, excepto el azúcar con hinojo, en una batidora
de vaso con hielo para obtener una preparación untuosa.
Decore el borde de una copa de champán con el azúcar y sirva el cóctel.

240 ml de agua hirviendo

20 g de citronela seca

15 g de rodajas de bergamota deshidratada

ramitas de menta para decorar

30 ml de aceite de bergamota
(*véase* receta pág. 14)

rodajas de limón para decorar

POCIÓN INVERNAL

Preparación: 5 minutos, más 2 minutos de reposo
Servir en: una taza o un vaso de whisky resistente al calor

Mezcle todos los ingredientes, excepto el aceite, en una jarra resistente al calor y deje reposar 2 minutos. Filtre y sirva en una taza o un vaso resistente al calor, y añada el aceite. Decore con la menta y el limón.

120 ml de zumo de pomelo

refresco de lima-limón para completar

60 ml de aceite de pomelo
(*véase* receta pág. 15)

sal negra con cayena
(*véase* receta pág. 20)

1 rodaja de pomelo
para decorar

SALTY DOG

183

Decore el borde del vaso con la sal. Mezcle el zumo y el aceite en un vaso, sobre un lecho de hielo. Complete con el refresco y decore con una rodaja de pomelo.

3 clavos

184

60 ml de zumo de granada

180 ml de zumo de grosella negra

1 rama de canela
para decorar

2 moras

15 g de naranjas deshidratadas,
y unas cuantas más para decorar

PUNCH CALIENTE PARA EL INVIERNO

Preparación: 20 minutos
Servir en: una taza o un vaso de whisky resistente al calor

Ponga todos los ingredientes en un cazo pequeño y lleve a ebullición.
Baje el fuego y hierva a fuego lento de 10 a 15 minutos.
Filtre y sirva en una taza o un vaso resistente al calor y decore
con una rama de canela y rodajas de naranja.

120 ml de bebida
de anacardo

80 ml de zumo de naranja

1 rodaja de naranja
para decorar

60 ml de sirope básico
(*véase* receta pág. 12)

120 g de hielo

½ plátano

1 cucharadita
de extracto de vainilla

ORANGE IS THE NEW BLACK

Preparación: 5 minutos
Servir en: un tumbler

Mezcle todos los ingredientes en la batidora de vaso para obtener
una preparación homogénea. Sirva en un vaso grande con una rodaja de naranja.

ÍNDICE

189

AGRADECIMIENTOS

Gracias a Kathy Steer por sus sabios consejos, y a Alice Chadwick
por su brillante maquetación.
Gracias al equipo de fotografía y de composición de Beatriz da Costa,
Cyd MacDowell y Frances Boswell, por toda la energía que dedicaron a este proyecto.
Como siempre, gracias a Catie Ziller por haberme ofrecido esta oportunidad.
Finalmente, toda mi gratitud a mi familia: Joel, Kyoko y Zelda.

BLUME

Título original *Mocktails, les cocktails sans alcool qui ont du goût et du style*

Edición Catie Ziller, Kathy Steer

Fotografía Beatriz da Costa

Estilismo gastronómico Cyd McDowell y Frances Boswell

Traducción Carolina Bastida Serra

Revisión de la edición en lengua española Eneida García Odriozola
Cocinera profesional (Centro de formación de cocineros y pasteleros de Barcelona Bell Art).
Especialista en temas culinarios

Coordinación de la edición en lengua española Cristina Rodríguez Fischer

Primera edición en lengua española 2018

© 2018 Naturart, S. A. Editado por Blume
Carrer de les Alberes, 52, 2.º, Vallvidrera, 08017 Barcelona
Tel. 93 205 40 00 e-mail: info@blume.net
© 2017 Hachette Livre, Département Marabout, Vanves Cedex, Francia

I.S.B.N.: 978-84-17254-69-8

Impreso en China

WWW.BLUME.NET

Preservamos el medio ambiente. En la producción de nuestros libros procuramos, con el máximo
empeño, cumplir con los requisitos medioambientales que promueven la conservación y el
uso responsable de los bosques, en especial de los bosques primarios. Asimismo, en nuestra
preocupación por el planeta, intentamos emplear al máximo materiales reciclados y solicitamos
a nuestros proveedores que usen materiales de manufactura cuya fabricación esté libre de cloro
elemental (ECF) o de metales pesados, entre otros.